Faculté de Droit de Toulouse.

Acte Public

POUR

LA LICENCE.

AGEN,
Imprimerie de J.-B. Barrière.

1860.

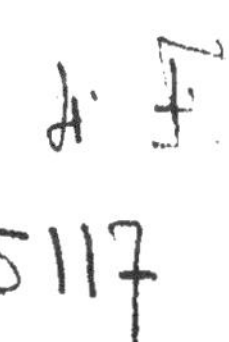

Faculté de Droit de Toulouse.

Acte Public

POUR

LA LICENCE,

EN EXÉCUTION DE L'ART. 4, TITRE 2, DE LA LOI DU 22 VENTOSE AN XII ;

SOUTENU

Par M. BARRIÈRE (Prosper-Henri),

Né à Agen (Lot-et-Garonne).

AGEN,

Imprimerie de J.-B. Barrière.

A MON PÈRE.

A MA MÈRE.

A MES PARENTS.

A MES AMIS.

JUS ROMANUM.

De præscriptis Verbis et in factum Actionibus.

— DIG. LIB. XIX, TIT. V. —

Actiones in factum illæ sunt quæ dantur quùm actiones vulgares, nomen habent, deficiunt. Ideò etiam præscriptis verbis actiones fuerunt appellatæ, quod cum nullam propriam formulam in albo prætorio haberent, erant a Jurisconsulto concipiendæ, et verbis ab eo præscriptis edendæ. «Nam cum deficiant vulgaria atque usitata actionum nomina, præscriptis verbis agendum est. In quam necesse est confugere, quotiens contractus existunt, quorum appellationes nullo jure civili proditæ sunt, etsi ab usu proprium nomen acceperint ; veluti permutatio, pactum de constituta pecunia, etc., etc. »

Non tamen ex quibus innominatis contractibus dantur actiones in factum, civiles seu præscriptis verbis , sed ex illis duntaxat qui cum aliquo ex nominatis contractibus affinitatem et similitudinem habent, ut ad instar actionis quæ ex illo contractu descendit, actio civilis præscriptis verbis detur. Actioni præscriptis verbis non solum locus est quum deficit actio civilis, sed et quum dubitatur an competat : puta , quia de natura contractus dubitatur, an is sit qui nomen et proprium actionem habeat. Hinc cum apud veteres dubitaretur an de re soli posset commodatum contrahi, Ulpianus ita respondet : Si gratuitam tibi

habitationem dedero, an commodati agere possim ? Et Vivianus ait
posse. Sed est tutius præscriptis verbis agere.

Descendunt autem illæ actiones in factum, aut ex contractibus aut
ex aliis causis. Primùm agemus de illis quæ ex contractibus descendunt.

§ Ier — *De actionibus in factum et præscriptis verbis quæ ex contractibus descendunt.*

Omnes conventiones ad aliquas formulas reduci possunt : aut enim
do tibi ut des ; aut do ut facias ; aut facio ut des ; aut facio ut facias ;
Inde quatuor obligationum genera :

1° *Do ut des.* — Sin autem rem do ut rem accipiam, non est emptio-
venditio, sed permutatio quæ gignit civilem obligationem ex qua actio
descendat ; non quidem actio empti, quum placeat permutationem non
esse emptionem, sed actio *præscriptis verbis* ; quâ rem mihi dare condemnaberis, aut id quod mea interest illud de quo convenit accipere.
Vel, si meum recipere velim, et te condicere possum ut rem mihi reddas, quasi ob rem datum, re non secuta.

Non tamen dabitur mihi actio in id quod interest, si res quam mihi
vicissim dari convenit, si culpa tua perierit. Itaque si scyphos tibi dedi,
ut servum mihi dares, periculo meo servus erit. Hoc sensu, ut eo mor-
tuo non possim agere *præscriptis verbis* ad consequendam ejus æsti-
mationem. Ceterùm, competit mihi condictio scyphorum quos dedi, ut
puta, re propter quam dedi non secuta.

Si pecunia detur, ut detur non res, sed rei usus, locatio est. Si verò
datur rei usus, ut alterius rei usus detur, contractus est qui ad commodatum aut etiam ad locationem accedit : adeoque ad *præscriptis verbis* actionem recurrendum est.

Rogati me ut tibi nummos mutuos darem ; ego cum non haberem,
dedi tibi rem vendendam ut pretio uteris. Nec enim est mutuum quum
mutaveris consilium, noluerisque pecuniam accipere mutuam ; nec est

mandatum, quum non animo mandandi, sed credendi dederim tibi rem vendendam. Quare *in factum* actio competit.

Denique sunt contractus in quibus datur res utenda, aliave de causa habenda, non ut aliquid aliud detur, sed ea duntaxat lege ut, postquam impleta fuerit causa propter quam datur , eadem in specie reddatur; et quidem ex illis contractibus nomen et propriam actionem habent a jure civili, scilicet commodatum quo res utenda datur, depositum qui meræ custodiæ datur. Quum autem ex infinitis causis res sic possit dari, hìc exurgunt infinitæ contractuum innominatorum species. in quibus pariter, si ad aliquem civilem contractum accedunt, ad actionem *præscriptis verbis* recurritur.

Talis est species sequens : Duo fecerunt sponsionem, et uterque annulum tradidit tertiæ personnæ, ea lege ut ambos annulos victori redderet, sed hæc personna non reddit victori, *præscriptis verbis* actio in eum competit; non verò actio depositi : nec enim proprie depositum hæc species continet, quum non meræ custodiæ causa annuli traditi sint, sed ut darentur victori; nec ex furto quia alterius annuli nec possessionem nec dominium habuit.

2° *Do ut facias.* — Sunt illi contractus in quatuor species : aut enim illud factum quod locari solet, continent, et pecunia datur ut fiat; veluti si tibi pecuniam ut tabulam pingas, vel domum ædifices. Hoc casu locatio erit, igitur ex locato nascitur actio. Si non pecunia, sed alia res datur, non erit locatio, tum nascitur vel civilis actio in hoc quod mea interest, vel ad repetendum condictio, id est ob rem dati re non secuta.

Aut tale quidem factum continent, sed res, non pecunia datur. — Exemplum ita refert Ulpianus : « Si prædium pro te obligavero, deinde placuerit inter nos, ut mihi fidejussorem præstares, nec facias : melius esse dico, *præscriptis verbis* agi, nisi merces intervenit; nam si intervenit ex locato esse actionem. » Est locatio quum pecuniam ut prædium meum tibi dem utendum, ad hunc usum creditori tuo pignori sit.

Jam ad tertiam contractus speciem devenimus : quum scilicet pecunia quidem datur ut quid fiat, factum autem tale est, quod locari non possit, puta, ut servum manumittas, vel si tibi decem dedero, ut Stichum manumittas, et cessaveris, statim *præscriptis verbis* agam, ut solvas quod mea interest : si nihil interest, condicam tibi, ut decem reddas.

Tandem quarta species est : quum non pecunia sed res datur ; nec factum tale est quod locari non possit. Paulus refert Julianum putasse, hoc casu, actionem *præscriptis verbis* deficere, recurrendumque ad *in factum* prætorium. Enim refert Paulus : « Si dedi tibi servum, ut servum tuum manumitteres, et manumisisti ; et is, quem dedi, evictus est : si sciens dedi, de dolo in me dandam actionem Julianus scribit ; si ignorans in factum civilem.

3° *Facio ut des.*— Ad nullum ex civilibus contractibus hæc conventionum species accedit, puta, nec ipsi contractui locationis operis faciendi ; nam contractus locationis operis faciendi, incipit a locatore qui dat aut dare promittit ut aliquid fiat. Variæ sunt Jurisconsultorum decisiones : dubitandum igitur an dabitur *præscriptis verbis* actio. Generaliter negat Paulus : Quod si faciam ut des, et posteàquam feci, cessas dare, nulla erit civilis actio ; et ideo de dolo dabitur. Pomponius contra : Permisisti mihi cretam eximere de agro tuo, ita ut eum locum unde eximissem, replerem : exemi, nec repleo ; certum est civilem actionem incerti competere. Dubitat autem Ulpianus agendum est in præscriptis verbis vel in factum actionibus : Inter nos pactum est ut aliquid mihi dares si tibi fugitivum servum indicavero. Et idem permisisti mihi ut sererem in fundo tuo et fructus tollerem : sevi, nec pateris me fructus tollere : nullam juris civilis actionem esse. Aristo ait.

Observandum superest, ita ex contractu facio ut des actionem dari, nisi illud factum esset, in quo aliqua turpitudo versaretur.

4° *Facio ut facias.* — Si pacti sumus ut tu a meo debitore Carthagine exigas, ego a tuo Romæ : in hanc speciem mandatum quodammodo intervenisse videtur, nam sine mandato exigi pecunia alieno nomine non potest. Ratio cur hoc negotium posset videri non esse mandatum, hoc est, quia in hoc negotio, exactio fit sumptibus et impendiis mandatarii : quod videtur exorbitare a natura mandati. Vel adhuc, ut tu in meo, ego in tuo solo ædificem, et ego ædificavi, et tu cessas : nec operarum locatio, quia, non in pecunia constitit merces operarum. Nec igitur ex mandato, nec ex locato, sed tutius *prescriptis verbis* agendum est, quæ datur quoties dubitari potest an directæ competat.

Naturalis meus filius tibi servit; inter nos convenit ut ego tuum, tu meum manumittas. Ego manumisi, tu cessas; *præscriptis verbis* judicio condemnaberis in id quod mea interest servum habere quem manumisi. An deducendum erit quod libertum habeo? sed hoc non potest æstimari.

§ II. — De actionibus in factum quæ ex aliis CAUSIS quam
ex contractibus descendunt.

Exigit quemadmodum æquitas ut in contractibus qui propriam jure civili constitutam actionem non habent, actiones suppleantur; ita etiam et in pluribus aliis causis æquum est hoc fieri.

Et quidem si ea causa ex qua æquum est actionem dari, aliquam affinitatem habeat cum aliqua causa ex qua civilis actio propria sit, prætor dat actionem civilem *in factum*, in omnibus illis causis. Veluti si quis servandarum mercium suarum causa, alienas merces in mare projecit, nulla tenetur actione, si justa causa fuit, cur projicerentur, puta, urgebat tempestas; sed si, sine causa id fecisset, in *factum* tenetur.

Ita si quis calicem argenteum alienum in profundum abjecerit, damni dandi causa, non lucri faciendi, neque furti, neque damni injuria actio erit, sed *in factum*.

Si servum quis alienum spoliaverit, isque frigore mortuus sit, de vestimentis furti agi poterit, de servo vero *in factum* agendum, criminali pœna adversus eum servata.— De servo non ex lege Aquilia tenebitur, quia corpore corpori non est damnum illatum.

CODE NAPOLÉON.

Des Priviléges et Hypothèques.

Avant d'aborder d'une manière tout-à-fait spéciale le sujet qui fait l'objet de notre question, il serait peut-être bon de donner un léger aperçu, comme prolégomènes, de la matière en général des Priviléges et des Hypothèques, afin de nous rendre un compte précis et aussi exact que possible soit de la chose, soit encore des expressions que nous au ‧ rons sans doute souvent l'occasion d'employer.

Garantir l'efficacité des transactions et protéger également le citoyen qui veut du crédit et le citoyen qui peut en faire, tel est le principal but des Hypothèques ou des Priviléges. Le premier soin de deux per‑ sonnes traitant ensemble n'est-il pas, en effet, d'assurer l'exécution de leurs engagements? C'est elle qui vient apposer au contrat le sceau du perfectionnement, s'il est permis de s'exprimer ainsi, en imprimant aux conventions, aux promesses qui y sont contenues, le caractère de l'in‑ délibilité et de l'inviolabilité.

Reposant toujours et exclusivement sur des objets immobiliers, l'Hy‑ pothèque a été définie par la loi : un droit réel sur des immeubles af‑

fectés à l'acquittement d'une obligation, droit réel, *jus in re*, en ce sens que le fonds est affecté à l'acquittement de la créance qui le suit en quelques mains qu'il passe, comme une chose qui lui est inhérente. Elle est de plus indivisible.

L'Hypothèque est légale, c'est-à-dire résultant de la loi en faveur des femmes, des mineurs, des communes et établissements publics; elle est judiciaire, c'est-à-dire résultant de jugements en faveur de celui qui les a obtenus; enfin elle est conventionnelle, c'est-à-dire ayant pour cause des conventions rédigées sous la forme de certains actes.

Le Privilége a presque toujours les mêmes effets que l'Hypothèque, mais il faut se donner de garde cependant de les confondre ensemble. Le Privilége est une préférence, un droit que la qualité de la créance donne à un créancier d'être préféré aux autres créanciers, même *hypothécaires*. Cette dernière disposition, qui peut paraître exorbitante au premier aspect, nous servira néanmoins à établir la différence qu existe entre les Priviléges et les Hypothèques. L'Hypothèque n'a en général d'autres fondements qu'une convention, et jamais d'autre rang que celui que donne son inscription, à moins qu'elle ne soit légale; Le Privilége au contraire tient tout, existence et rang, de la nature spéciale et particulière de la créance, comme entre autres exemples les frais funéraires, les gages de domestique, le prix d'une chose vendue, etc., etc. Les Priviléges peuvent porter sur les meubles seulement ou sur les immeubles seulement, ou sur les unes et les autres à la fois. Nous savons déjà que l'Hypothèque ne grève que les immeubles.

Après cet exposé préliminaire, trop rapide et trop court, il est vrai, mais assez suffisant pour l'intelligence et le développement de ce qui va suivre, nous sommes obligé de nous arrêter bien à regret, il faut l'avouer, de peur d'être entraîné hors des limites de notre cadre, par l'attrait irrésistible d'un sujet aussi fécond qu'important soit au point de vue de l'économie sociale, soit au point de vue historique, pour attaquer sans autre préambule l'explication de l'article 2180 du Code Napoléon, ayant trait à l'*extinction* des Priviléges et des Hypothèques.

§ Ier — *Extinction des Priviléges et des Hypothèques.*

Suivant l'article 2180 du Code Napoléon, on distingue quatre maniè-
res différentes d'éteindre les priviléges ou les Hypothèques :

1° Extinction par l'obligation principale ;
2° Par la renonciation du créancier à l'Hypothèque ;
3° Par l'accomplissement des formalités et conditions prescrites aux
tiers-détenteurs pour purger les biens par eux acquis ;
4° Enfin par la Prescription.

Nous allons passer successivement en revue les quatre espèces ci-
dessus énumérées :

1. *Extinction par l'obligation principale.* — Les Priviléges et les
Hypothèques étant l'accessoire de la créance, autrement dit de l'obligation principale, il s'ensuit nécessairement que tout ce qui éteint cette
obligation doit aussi éteindre par voie de conséquence les Priviléges ou
les Hypothèques, car l'accessoire suit toujours le sort du principal.

Les Priviléges et les Hypothèques s'éteignent donc par le paiement,
la novation, la compensation, etc., etc. (art. 1234 C. N.) qui sont autant de causes d'extinction des obligations.

Si le débiteur n'a acquitté qu'une partie de la dette, si la créance
n'est pas entièrement éteinte, l'Hypothèque ou le Privilége subsistent
toujours en entier jusqu'à parfait paiement. C'est du reste une conséquence rigoureuse de l'indivisibilité des Hypothèques (art. 2114 C. N.),
et dont il a été question plus haut.

La novation a absolument les mêmes effets que le paiement : elle
éteint la dette et fait cesser par suite l'Hypothèque. Il y a novation toutes les fois qu'il y a une substitution d'une nouvelle dette à l'ancienne
qui se trouve éteinte entièrement. La *datio in solutum* d'un immeuble
en paiement d'une dette emporte aussi novation dans l'Hypothèque,
puisqu'elle détruit la première obligation. Nous nous demanderons à
cette occasion : Si, dans le cas où le débiteur n'ayant jamais été pro-

piiétaire de la chose donnée en paiement, le créancier venait à être évincé, l'Hypothèque revivrait? Nous répondrons affirmativement à cette question. Remarquez, en effet, que l'Hypothèque n'est pas éteinte par l'acquisition que fait le créancier de l'immeuble hypothéqué. La dation en paiement a été faite, du reste, pour procurer au débiteur l'extinction de la créance, au créancier la propriété de l'objet qui lui a été délivré en paiement. Si l'un des deux effets manque, l'autre ne peut pas être produit. Ainsi le débiteur resterait propriétaire de l'objet livré, si l'obligation qu'il a voulu éteindre n'existait déjà plus. De même le créancier conserve la créance, quand la propriété de l'immeuble livré ne lui a pas été transférée, et avec cette créance tous les droits qui s'y rattachent.

La compensation, qui est aussi un autre mode d'opérer l'extinction d'une dette, entraîne aussi par voie de conséquence l'extinction des Priviléges et des Hypothèques. En effet, si j'ai payé une dette, éteinte par la compensation, je ne puis plus, en réclamant la créance dont je n'ai point opposé la compensation, me prévaloir au préjudice des tiers, des Priviléges ou Hypothèques qui y étaient attachés; car une obligation éteinte ne peut guère revivre, à moins cependant qu'une des parties ait payé dans l'*ignorance légitime* de la créance hypothéquée qui lui appartenait.

2. *Extinction par la renonciation du créancier à l'Hypothèque.* — Nous entrons maintenant dans la voie de l'extinction par voie principale et directe, la créance continuant toujours d'exister.

Ainsi on peut renoncer à un droit expressément ou tacitement hors les cas où la loi s'en est autrement expliqué. Il n'existe aucune disposition particulière de la loi pour l'espèce qui nous occupe. Dès lors nous devons conclure que la renonciation à une Hypothèque peut être *tacite* aussi bien qu'*expresse ;* les auteurs du reste qui ont traité la matière des Hypothèques n'ont élevé aucun doute à ce sujet.

Mais quels sont les cas où l'on devra surtout voir une renonciation tacite? Ce sera surtout lorsque le créancier consentira à l'aliénation de l'immeuble hypothéqué, car par le fait seul de son consentement, l'Hypothèque s'évanouit. Le débiteur, en effet, n'est-il pas le maître absolu de vendre, d'échanger, de donner la chose qui en définitive lui appartient, quoiqu'elle soit grevée? Et pourquoi dans l'espèce le créancier intervient-il, si ce n'est pour renoncer à son Hypothèque, que sans cela il aurait toujours pu exercer contre l'acquéreur, l'échangiste ou le donataire, en vertu du droit de suite. De même si le créancier consent que le fonds hypothéqué en sa faveur soit hypothéqué au profit d'un autre, il est censé remettre son Hypothèque et céder la priorité à celle nouvellement constituée. La raison en est encore que le débiteur, n'ayant pas besoin du consentement du créancier pour hypothéquer de nouveau l'immeuble, son intervention ne peut avoir d'autre but que de remettre son Hypothèque. Toutefois il en serait autrement si le créancier n'avait signé l'acte qu'en qualité de notaire ou de témoin ; car alors son concours à l'acte s'expliquerait sans qu'il fût nécessaire de lui supposer l'intention de renoncer à l'Hypothèque. C'est surtout les circonstances qui doivent faire apprécier le fait et l'intention.

3. *Extinction par l'accomplissement des formalités et conditions prescrites aux tiers-detenteurs pour purger les biens par eux acquis.* — Nous renvoyons l'explication de cette question au paragraphe suivant qui lui sera entièrement consacré.

4. *Extinction par la Prescription.* — On doit examiner la Prescription sous un double point de vue : la chose hypothéquée peut être entre les mains du débiteur lui-même, ou bien elle passe en la propriété du tiers-détenteur.

Au premier cas, la Prescription de l'Hypothèque n'a lieu qu'en même temps que l'obligation principale elle-même ; il revient donc à dire qu'elle se prescrit, quant aux biens qui sont dans les mains du débiteur, par le même laps de temps qui est exigé pour prescrire l'action personnelle. D'où il s'ensuit que cette prescription sera de trente ans, dix ans, cinq ans, un an, six mois, etc., selon la nature de la créance à laquelle l'Hypothèque sera rattachée. S'il s'agit, par exemple, de l'action d'un créancier ordinaire, qui se prescrit par trente ans, l'Hypothèque attachée à l'obligation ne se prescrira que par le même laps de temps ; ainsi de même l'Hypothèque légale des mineurs se prescrit pour dix ans à compter du jour de sa majorité, son action se prescrivant aussi par dix ans à compter de la même époque (art. 475 C. N.).

Au deuxième cas, la Prescription est acquise au tiers-détenteur, les biens étant en sa possession, par le temps réglé pour la Prescription de la propriété à son profit, c'est-à-dire par trente ans lorsqu'il n'y a pas de titre ou que le titre est vicieux ; et par dix ans entre présents ou vingt ans entre absents, lorsque le possesseur est muni d'un juste titre et qu'il est de bonne foi.

Néanmoins le tiers-détenteur peut prescrire la propriété, sans que pour cela l'Hypothèque se prescrive, ce qui arrivera toutes les fois que le créancier fera des actes interruptifs. De même, et en sens inverse, l'Hypothèque peut se prescrire sans que le tiers-détenteur prescrive lui-même la propriété : comme si le véritable propriétaire fait aussi des actes interruptifs. Ce sont là deux choses essentiellement distinctes. Le législateur, en effet, n'a pas entendu subordonner l'une des deux sortes de Prescriptions à l'autre ; il a voulu seulement les soumettre au même temps sous le rapport de leur durée.

La prescription de l'Hypothèque ne commence à courir que du jour de la possession, si le tiers-détenteur n'a pas de titre ou que le titre est vicieux. Mais si ce dernier possède à juste titre et de bonne foi, et qu'il puisse prescrire par dix ou vingt ans à compter du jour de la possession, cette Prescription ne commence à courir que du jour de la transcription de son titre d'acquisition. La loi a voulu de cette manière sauvegarder les intérêts des créanciers en les avertissant par l'acte public de la transcription que l'immeuble avait changé de main afin qu'ils puissent faire, s'il y avait lieu, des actes interruptifs. Ainsi, par exemple, le tiers-détenteur a reçu l'immeuble à *non domino*, mais avec juste titre et de bonne foi, il a été mis en possession le 1er janvier

1858 ; ces deux Prescriptions s'accompliront simultanément s'il a eu le soin, bien entendu, de faire transcrire son contrat d'acquisition le même jour. Mais si, tout en entrant en possession de son immeuble, le 1er janvier 1858, il n'a fait transcrire son acte que le 1er janvier de l'année suivante, ces deux Prescriptions se trouveront à une année d'intervalle l'une de l'autre. Dans cette espèce, l'acquisition de la propriété aura donc lieu avant l'affranchissement de l'Hypothèque.

Notre article 2180 dit dans son dernier alinéa que les inscriptions prises par le créancier n'interrompent pas le cours de la Prescription. Il faut même ajouter de plus qu'elles ne constituent même pas le tiers-détenteur en mauvaise foi. N'a-t-il pas pu croire, en effet, que le débiteur avait payé et qu'on avait négligé seulement de faire radier les inscriptions ? Mais il sera de mauvaise foi lorsque les Hypothèques auront été mentionnées dans le contrat d'acquisition et mises à sa charge, ou bien lorsqu'il se sera personnellement obligé envers les créanciers en leur faisant la notification prescrite par l'article 2183 du Code Napoléon.

Pour interrompre la Prescription de l'Hypothèque, deux modes sont usités : l'assignation en déclaration d'Hypothèque, par laquelle les créanciers concluent à ce que l'immeuble soit déclaré hypothéqué à leur créance, et qu'en conséquence le tiers-détenteur soit condamné à payer ou à délaisser l'immeuble ; et encore par la sommation de payer ou de délaisser (art. 2169 C. N.) ; car cette sommation équivaut à un commandement, puisqu'elle autorise le créancier à saisir contre le possesseur de l'immeuble ; donc, comme le commandement, elle doit interrompre la Prescription.

Mais s'est-on demandé, si la créance est conditionnelle ou à terme, comment faire pour interrompre cette Prescription ? Il est évident qu'on ne pourra agir ni par sommation, commandement ou saisie, puisque la créance n'est pas exigible. Nous croyons que dans ce cas le créancier, pour interrompre la Prescription, devra obtenir amiablement une reconnaisance d'Hypothèque, ou à défaut il devra assigner le tiers-détenteur en reconnaissance d'Hypothèque

(Outre ces causes d'extinction tracées par l'article 2180, et que nous venons d'analyser, nous nous contenterons d'en mentionner sans commentaires quelques autres telles que la résolution de la propriété du débiteur; la confusion des deux qualités de créancier et de propriétaire; et enfin la perte de l'immeuble hypothéqué).

§ II. — *De la Purge des Priviléges et des Hypothèques.*

(ART. 8181 A 2195.)

Lorsque quelqu'un se rend acquéreur d'un immeuble hypothéqué, il faut qu'il soit en son pouvoir de payer le prix qu'il doit, et qu'une fois ce prix payé, il ait la jouissance paisible et la propriété incommutable de son immeuble, sans crainte d'être inquiété par les Créanciers hypothécaires. Si l'immeuble a été vendu à sa juste valeur, il suffit que l'Acquéreur paie le prix aux Créanciers au lieu de le payer à son Vendeur, afin d'obtenir quittance et main-levée des inscriptions. Mais dans le cas où l'immeuble a été vendu à un prix au-dessous de sa valeur véritable, alors on doit reconnaître aux Créanciers inscrits le droit de faire monter l'immeuble à sa juste valeur en surenchérissant. Pour les mettre en demeure de surenchérir, l'Acquéreur leur notifie son contrat; après quarante jours de délibération de la part des Créanciers, s'il ne survient pas de surenchère, il demeure propriétaire; et, moyennant la remise de son prix d'achat à ces derniers, garde son immeuble *nettoyé d'Hypothèques*, suivant l'expression de Loysel. S'il advient une surenchère, on revend l'immeuble, qui, après cette revente, demeure libre entre les mains de l'Adjudicataire. Ainsi la Purge n'est autre chose que l'alternative offerte aux Créanciers par l'Acquéreur d'accepter le prix stipulé ou bien de faire monter l'immeuble à sa véritable valeur.

La Purge n'a lieu qu'en matière d'aliénation volontaire. Dans le cas de vente sur saisie immobilière, la Purge n'est pas nécessaire : La publicité qui entoure cette espèce de vente est une garantie assez certaine pour les Créanciers que l'immeuble atteindra son véritable prix.

Nous distinguerons deux sortes de Purge :

1° Celle des Hypothèques inscrites ;

2° Celle des Hypothèques légales des femmes mariées, des mineurs et des interdits lorsqu'elles n'ont pas été inscrites.

Ces principes généraux sur la matière étant établis, nous allons maintenant entrer dans quelques détails sur la Purge des Priviléges et Hypothèques inscrits :

1° La première des formalités à observer pour opérer le purgement des Priviléges ou des Hypothèques, c'est de faire transcrire la Contrat d'acquisition sur les registres du Conservateur de l'arrondissement où sont situés les immeubles. Car, surtout, d'après la loi du 23 Mars 1855, qui n'a fait que remettre en vigueur, pour ainsi dire, la loi de Brumaire an VII, la vente non transcrite ne transfère point, à l'égard des tiers, la propriété de la chose vendue. Il en résulte d'une part, que le Vendeur peut, même après la vente et tant qu'elle n'est pas transcrite, consentir des Hypothèques valables sur l'immeuble vendu ; et d'autre part, que les Hypothèques antérieures à la vente peuvent être utilement inscrites jusqu'au jour de cette transcription. L'acheteur qui a l'intention de purger doit par conséquent se hâter de faire transcrire son titre afin d'arrêter le cours des inscriptions, d'enlever en outre au vendeur la propriété de la chose vendue et l'empêcher, par suite, soit de consentir d'autres aliénations, soit de contracter de nouvelles Hypothèques. Cette formalité opère donc, par elle-même et de plein droit, la Purge des Hypothèques non inscrites.

La transcription accomplie, l'Acquéreur doit notifier aux Créanciers inscrits :

1° L'Extrait de son titre contenant seulement la date, la qualité de l'Acte, le nom et la désignation précise du Vendeur ou du Donateur, la nature et la situation de la chose donnée ou vendue, le prix et les charges faisant partie du prix de la vente ; ou l'évaluation de la chose, si elle a été donnée ; (C. N. 2183, 1°.)

Toutes ces désignations doivent être tellement précises que les Créanciers puissent reconnaître à première vue, soit leur Débiteur, soit l'Immeuble qui leur est hypothéqué. Une simple erreur à cet égard pourrait nuire à l'Acquéreur et lui ôter les avantages de la Purge.

L'omission du prix de l'objet aliéné annulerait de plein droit la notification ; car comment les Créanciers, dans cette ignorance, seraient-ils en même de surenchérir ? Mais nous ne croyons pas, contrairement à l'opinion de quelques Arrêts, qu'une fausse énonciation de prix annulât cette notification. Cette erreur, en effet, ne peut porter aucun préjudice aux Créanciers : car si ceux-ci conservent un doute sur la déclaration du prix, et s'ils le croient beaucoup trop inférieur, leurs intérêts ne les portent-ils pas à surenchérir ? L'Acquéreur en sera quitte pour payer le prix réel et les frais de la surenchère que son erreur ou omission a pu provoquer. Dans le cas contraire, si le prix déclaré a paru aux Créanciers juste et raisonnable, et si l'Acquéreur consent à leur payer ce prix, on ne voit pas comment ils pourraient se plaindre.

On entend ici par prix tout ce que l'Acquéreur doit payer directement au Vendeur ; et par charge du prix, tout ce que le même Acheteur prend à sa charge pour en débarrasser le Vendeur ; par exemple : l'obligation de payer certains frais qui, selon le droit commun, sont à la charge du Vendeur. Mais il ne faut pas faire entrer dans les charges du prix les frais qui ne profitent ni directement ni indirectement au Vendeur, comme les frais d'acte ou d'enregistrement.

2° La notification doit contenir un extrait de la transcription de l'Acte de vente ; (C. N. 2183, 2°.)

Il faut ajouter et de tous autres actes translatifs de propriété. On se demande encore si la loi n'aurait pas voulu dire un Certificat de transcription au lieu d'un Extrait de la transcription. Il serait assez raisonnable de penser ainsi, car nous avons déjà vu, sous le numéro 1° de notre article, que la loi exigeait la notification d'un extrait du titre. Pour donner d'autant plus de poids à cette opinion, nous pourrions nous

étayer notamment de la loi de Brumaire, qui voulait qu'on notifiât le titre d'acquisition et le certificat de la transcription.

3° La notification doit présenter un tableau sur trois colonnes , dont
la première contiendra la date des Hypothèques et celle des inscriptions;
la seconde, le nom des Créanciers; la troisième, le montant des Créances inscrites; (C. N, 2183, 3°.)

Ce tableau a pour but de faire connaître aux Créanciers , connaissant
déjà le prix de l'Immeuble, si les fonds offerts par le Détenteur arrivent
jusqu'à eux, s'ils seront ou non payés et, par suite, s'ils ont intérêt à requérir la mise de l'Immeuble aux enchères.

4° L'Acquéreur, à titre gratuit ou onéreux, doit déclarer par le même
Acte, qu'il est prêt à acquitter sur-le-champ les dettes et charges Hypothécaires jusqu'à concurrence seulement du prix, sans distinction des
dettes exigibles ou non exigibles. (C. N. 2184.)

Le Détenteur doit donc offrir de payer sur-le-champ, quand même il
aurait stipulé dans son Acte des termes et des délais, il ne pourrait s'en
prévaloir qu'à l'égard du Vendeur : Les Créanciers ne doivent pas souf-
frir des stipulations de l'Acte de vente auquel ils sont étrangers ; se fon-
lant sur ce principe, la Cour de Bordeaux, dans un Arrêt du 8 juillet
1814, a même annulé une notification contenant offre de payer aux ter-
nes portés dans le Contrat de vente.

L'Acquéreur doit donc offrir de payer , jusqu'à concurrence de son
prix bien entendu , toutes les sommes exigibles ou non exigibles. Sous
la loi de Brumaire an VII, il n'en était point ainsi, l'Acquéreur jouissait,
même en purgeant, des avantages qui étaient accordés au premier Créancier. De là des perturbations ou des embarras dans les liquidations.
C'est pour remédier à ces inconvénients que notre Code autorise l'Acquéreur à offrir de payer toutes les dettes exigibles ou non. Quant aux
Créanciers conditionnels , ils sont provisoirement colloqués à leur ordre;
mais comme ils ne sont pas en mesure de recevoir, l'Acquéreur sera
autorisé à consigner ou à payer à un Créancier postérieur, lequel don-

nera caution de restituer aux Créanciers conditionnels , si la condition vient à se réaliser.

Les notifications dont nous venons de parler sont faites par un Huissier, commis à cet effet, sur simple requête par le Président du tribunal de l'arrondissement, aux Créanciers en personne ou au domicile par eux élu dans leur inscription.

Elles doivent être faites soit avant les poursuites des Créanciers, soit dans le mois au plus tard, à compter de la première sommation de payer ou de délaisser qui lui est faite. Ainsi, la sommation faite à la requête de l'un des Créanciers fait courir ce délai au profit de tous les autres.

Si le Créancier aprés les quarante jours de délibération , dont nous avons parlé en commençant ce paragraphe, veut user du droit de surenchérir, la réquisition ne sera valable que tout autant :

1° Qu'elle sera notifiée à l'Acquéreur dans le délai ci-dessus prescrit, et en y ajoutant deux jours par cinq myriamètres de distance entre le domicile élu et le domicile réel de chaque Créancier requérant ;

2° Qu'elle soit aussi notifiée dans le même délai au Vendeur, afin qu'il désintéresse ses Créanciers et empêche ainsi l'éviction qui le soumettrait en une action en garantie ;

3° Qu'elle contienne soumission du Requérant de porter ou de faire porter le prix à un dixième en sus de celui qui aurait été stipulé dans le contrat ou déclaré par le propriétaire ;

Le législateur a exigé cette soumission du dixième, afin qu'un Créancier, sous un prétexte frivole et au gré de son caprice, ne pût pas dépouiller un propriétaire de bonne foi et occasionner des frais inutiles ;

4° Que l'original et la copie de ces exploits soient signés par le Créancier requérant ou par son fondé de pouvoir, par procuration expresse, lequel, en ce cas, est tenu de donner copie de sa procuration. — Cet Acte est en effet trop important pour que le Créancier n'atteste pas, par

sa signature, qu'il lui donne sa pleine adhésion , son libre consentement ;

5° Enfin que le Requérant offre de donner caution jusqu'à concurrence
du prix des charges , on n'a pas voulu qu'un Créancier insolvable , et
cela dans l'intérêt de tous les autres, pût poursuivre impunément la surenchère ; car si la surenchère du dixième venait à ne pas être couverte
par un tiers , la poursuite du Requérant n'aurait d'autre résultat que
d'occasionner des frais inutiles. Le cautionnement s'étend non-seulement au prix déclaré et à ses charges , mais encore jusqu'au montant
de la surenchère ; c'est en ce sens que la Cour de Cassation s'est prononcée dans un Arrêt du 10 mai 1820.

Les formalités de la Purge que nous venons d'énumérer ont donc
pour but d'affranchir le tiers-détenteur de l'obligation de payer toutes
les dettes hypothécaires ou de délaisser l'Immeuble. Aussitôt qu'il les a
remplies, il ne peut plus être actionné que jusqu'à concurrence de son
prix ; mais jusqu'à cette concurrence, il est tenu personnellement envers les Créanciers hypothécaires du Vendeur, et ne pourrait plus se libérer en délaissant. Cependant il faut dire que cette obligation personnelle du tiers-détenteur n'existe que tout autant que les Créanciers ont
accepté l'offre par lui faite de payer jusqu'à concurrence de son prix ;
si, au contraire, l'un d'eux a usé du droit de surenchérir, l'Acquéreur
est restitué contre ses offres, car cette surenchère empêche la Purge en
vue de laquelle il les avait faites.

§. 3. — *Du Mode de purger les Priviléges et les Hypothèques quand
il n'existe pas d'Inscriptions sur les Biens des Maris et des Tuteurs.*

Les Hypothèques légales des Femmes et des Mineurs étant dispensés
par la loi d'Inscriptions, il est évident qu'elles ne peuvent, si elles n'ont
pas été rendues publiques , être éteintes par le même mode que nous
avons précédemment analysé pour effacer les Hypothèques inscrites.

L'Acquéreur ne pouvait cependant pas rester indéfiniment exposé au danger d'une éviction; on a dû créer dès-lors une Procédure spéciale pour le garantir contre les Hypothèques occultes, procédure qui fait l'objet des articles 2193 et suivants du Code Napoléon.

Le tiers-détenteur doit donc avant tout rendre public son titre d'Acquisition; l'article 2194 trace à cet effet les formalités suivantes :

1° L'Acquéreur déposera au Greffe du Tribunal civil de la situation des Biens une copie dûment collationnée de son titre d'Acquisition.

Ainsi l'on voit que la trancription préalable du titre d'Aliénation n'est pas absolument nécessaire. Elle se trouve remplacée par le dépôt au Greffe de la Copie collationnée; c'est-à-dire d'une Copie revêtue de la forme prescrite par la loi pour constater la conformité de cette Copie avec la Minute du Contrat qu'on va livrer à la publicité. Ainsi d'après cette doctrine une copie de copie, tirée sur une expédition de l'Acte, soit par un Avoué, soit par un Notaire autre que le détenteur de la Minute ne pourrait être admise par le Tribunal pour cette publication.

2° Il notifiera cet Acte de dépôt tant à la Femme ou au Subrogé-Tuteur qu'au Procureur Impérial près le même tribunal, chargé par l'article 2138 de faire inscrire les Hypothèques légales des Femmes et des Mineurs, à défaut par les Maris, Tuteurs ou Subrogés-Tuteurs de faire faire les Inscriptions qui lour sont ordonnées.

Cette signification doit être faite par n'importe quel Huissier, à la personne même de la Femme; la signification faite soit au domicile du Mari ou en parlant au Mari seul, annulerait les effets de la signification; car le Mari ayant dans l'espèce un intérêt opposé à celui de sa Femme, ne peut être son représentant.

S'il y a un mineur émancipé, on notifie cet Acte de dépôt tant à lui-même qu'à son curateur; le Mineur peut faire des Actes conservatoires dans son intérêt, à plus forte raison le Mineur émancipé.

Mais qu'arrive-t-il lorsque la Femme ou le Subrogé-Tuteur sont inconnus? On a recours alors à l'insertion dans les journaux de l'extrait du titre dont nous avons déjà plusieurs fois parlé. Mais nous reviendrons tout-à-l'heure sur cette question de publicité en traitant des Purges des Hypothèques dans le cas de vente par expropriation forcée.

3° Toujours aux soins et diligence de l'Acquéreur on fera afficher et on exposera pendant deux mois, dans l'auditoire du tribunal, un extrait du titre d'acquisition, contenant sa date, les noms, prénoms, professions et domiciles des contractants, la désignation de la nature et de le situation des biens, ainsi que le prix et les autres charges de la vente. Durant cet intervalle de deux mois, les parents du Mari et de la Femme, les parents ou amis du Mineur et le Procureur-Impérial, sont reçus à requérir s'il y a lieu, et à faire faire au bureau des Hypothèques, les inscriptions qu'ils jugeront nécessaires sur l'Immeuble aliéné, lesquelles auront le même effet que si elles avaient été prises le jour du Contrat de Mariage ou le jour de l'entrée en gestion du Tuteur. Ce délai de deux mois court en général du jour de l'apposition de l'affiche, cependant à l'égard des Femmes et Subrogés-Tuteurs inconnus, il ne commencera à partir que du jour de l'insertion de la notification au journal.

Après toutes ces formalités accomplies, le Greffier rédigera en minute, tant pour constater ce fait que pour sa décharge, un nouvel acte semblable à celui qui constate le dépôt et dont il pourra délivrer expédition au besoin. Cet Acte s'appelle : *Certificat d'exposition.*

Si dans le cours de cet espace de temps de l'exposition du Contrat, aucune inscription n'a été prise du chef des Femmes, Mineurs ou Interdits, sur les immeubles vendus, tout est alors irrévocablement terminé, et ces immeubles passent sans aucune charge, à raison des dots, reprises et conventions matrimonales de la Femme ou de la gestion du Tuteur et sauf le recours, s'il y a lieu, contre le Mari et le Tuteur. (C. N. 2195)

Maintenant il s'agit de savoir si l'Acquéreur sur expropriation forcée est tenu comme l'Acquéreur, en cas d'aliénation volontaire, de remplir les formalités prescrit es par les articles 2193 et suivants précités pour purger les Hypothèques légales, non inscrites bien entendu, des Mineurs et des Femmes mariées?

Cette importante question a longtemps divisé les Cours impériales ; et la Cour de Cassation elle-même après avoir adopté une jurisprudence est revenue à d'autres principes. Mais enfin, le 22 juin 1833, un Arrêt de la Cour suprème vint établir une jurisprudence à peu près constante, en décidant que l'adjudication sur saisie immobilière, ne purgeait pas les Hypothèques légales de la Femme, du Mineur et de l'Interdit.

Aux termes de l'art. 692 du Code de Procédure, les Créanciers inscrits sont liés à la poursuite d'expropriation par tous les Actes qu'on leur signifie ; ils sont interpellés et mis en demeure de faire valoir leurs droits ; une sommation leur est donnée de prendre communication du cahier des charges, de fournir leurs dires et observations, et de se rendre enfin au jour fixé pour l'adjudication.

Les Créanciers inscrits ont le plus grand intérêt à recevoir cet avertissement afin de surveiller cette procédure de poursuites, de manière surtout à faire monter l'immeuble au plus haut prix possible, puisque l'adjudication qui sera la suite de la saisie doit purger leurs Hypothéques, et qu'il ne leur restera plus que le droit de se faire colloquer dans l'ordre sur le prix de l'adjudication, sauf le cas de surenchère.

Mais la dispense d'Inscriptions fait que les Créanciers à Hypothèques légales, ne sont pas appelés, et restant ainsi complètement étrangers à cette procédure, il fallait, pour sauvegarder leurs intérêts que nos lois ont toujours protégé d'une manière particulière et efficace, leur laisser tout au moins la faculté de prendre inscription dans la suite comme dans le cas de vente volontaire.

Ainsi, d'un côté, la Cour de Cassation dans son arrêt sus-rappelé, ayant pensé que la loi n'avait fait aucune distinction entre les ventes volontaires et les ventes par expropriation forcée, et que la protection de la loi à l'égard des Femmes ou des Mineurs, en établissant en leur faveur l'Hypothèque légale avec la dispense de l'inscrire, deviendrait illusoire et tournerait contre eux, proclame que l'Adjudication sur saisie immobilière ne purge pas les Hypothèques légales des incapables.

Mais d'un autre côté en matière d'ordres ouverts, après vente sur expropriation forcée, il y a toujours des droits en péril. La saisie immobiliière est une mesure extrême ; la situation du Débiteur s'est aggravée, les intérêts des Créanciers qui ne sont pas les premiers en rang sont compromis. Or, les formalités de la Purge des Hypothèques légales, commencées et accomplies seulement après l'Adjudication, entraînent des délais certes bien inutiles. Elles retardent, sans aucun avantage pour les Créanciers à Hypothèques légales, l'ouverture d'un réglement d'autant plus urgent que la saisie immobilière a révélé l'insolvabilité du Débiteur, comme nous venons de le dire.

C'est donc pour ces ordres que la promptitude et la célérité sont indispensables, et qu'en conséquence, en les débarassant des formalités de la Purge des Hypothèques légales, il fallait rattacher à la procédure d'expropriation les Créanciers à hypothèques légales, comme on avait rattaché les Créanciers soumis à l'inscription.

Pour donner satisfaction à toutes les opinions comme à tous les intérêts, et ne pas placer les Créanciers à Hypothèques légales dans une position plus désavantageuse que celle des Créanciers inscrits, la loi du 21 Mai 1858, dans son article 692, a rendu au jugement d'expropriation la vertu de purger toutes les Hypothèques en avertissant les Créanciers à Hypothèques légales d'une manière toute spéciale, comme du reste les Créanciers inscrits. La publicité qui frappe ceux-ci, soit en général, ou en particulier. s'adressera à ceux-là plus directement encore ; elle les touchera en personne et au domicile réel.

Si l'on compare les mesures de vigilance prises par les dispositions de notre article 692 à celles qui sont tracées par l'article 2194 du Code Napoléon, on n'aura pas de peine à apercevoir bientôt que les dispositions de ce dernier article n'éveillent que fort incomplètement l'attention des intéressés : ainsi une signification dont rien n'assure la remise, et un simple extrait placé sous un grillage souvent très-obscur, dans le prétoire d'un tribunal, que personne n'a assùrément la curiosité de lire; il faut y joindre aussi la précaution très-utile et beaucoup plus efficace, il est vrai, de l'insertion dans les journaux, qui fut exigée par un avis du Conseil-d'Etat de 1807, et nous aurons énuméré à peu près toutes les formalités.

L'Article 692 de la nouvelle loi de 1858, combiné en vue du péril qu'amène toujours une expropriation forcée, tient constamment en éveil l'attention de tous les intéressés quels qu'ils soient; il les prévient longtemps à l'avance de la vente, et, par ces avertissements, elle les invite à veiller à la conservation de leurs droits; ils peuvent ainsi prendre utilement connaissance du cahier des charges, faire changer les conditions qui leur nuisent, surveiller la vente, pourvoir enfin à l'élévation des enchères. Il ordonne de plus de faire une sommation à la *personne* de la Femme de faire inscrire son Hypothèque légale avant la trancription du jugement. Le législateur, dans cette loi, a pris la précaution de faire remettre la copie de la sommation à la personne même de la Femme, de peur que la communauté de domicile ne permette au Mari de se faire délivrer la sommation destinée à sa Femme, afin de lui en dérober la connaissance.

Quant au Procureur-Impérial, on ne lui dit plus, comme dans l'article 2194 *qu'il sera tenu à requérir inscription*, s'il y a lieu, mais, dans la nouvelle loi, on lui en fait une mission, je dis même plus, un devoir impérieux. Comme nous le savons en effet déjà, le cas est très-grave dans une expropriation forcée; le danger est évident, l'insolvabilité notoire; il n'y a plus alors à supposer le consentement de la Femme ou d'un conseil de famille à l'aliénation d'un gage devenu plus que jamais nécessaire. On voit donc par cette dernière prescription que les intérêts des Créanciers à Hypothèques légales sont couverts d'une protection bien autrement salutaire et plus appropriée au cas spécial, qu'ils ne l'avaient été jusqu'à ce jour.

La loi qui nous occupe a chargé le Créancier poursuivant d'interpeller tous les Créanciers et même ceux à Hypothèques légales.

On a objecté de cette disposition que ce Créancier aurait souvent le plus grand intérêt à ne pas faire toutes ces interpellations, et surtout à ne pas appeler des ayants droit qui viendraient avant lui sur leur gage commun ; que c'était le mettre par conséquent en opposition avec ses propres intérêts. Ne vaudrait-il pas mieux, a-t-on dit, confier l'accom-plissement de cette formalité à l'Adjudicataire, qui est, lui, fortement et directement intéressé à avertir tous les Créanciers, et à ne payer qu'à ceux venant en rang utile, afin d'assurer l'entière sécurité de sa nouvelle acquisition, et éviter dans la suite les tracasseries ou les em-barras qui pourraient résulter d'un vice de formalités ?

Et la responsabilité ! Et les dommages-intérêts qui s'apprêtent à fon-dre de toutes parts sur ce Créancier, s'il commet bénévolément quel-ques fautes dans les formalités qui lui sont prescrites ! a-t-on dit pour réfuter cette objection. — Oui, cela est très-bien, s'il est riche, s'il offre des garanties suffisantes pour répondre du préjudice qu'il a pu causer.

Mais, nous le demandons, que deviennent cette responsabilité et ces dommages-intérêts auprès des personnes dépourvues de toutes ressour-ces, de tous moyens pécuniaires ? Celles-ci alors fondant tout leur espoir en cette Créance prête à sombrer à cause de son dernier rang hypo-thécaire, ne s'accrochent-elles pas souvent à toutes sortes de branches pour sauver, s'il est permis de s'exprimer ainsi, ce détritus de leur for-tune, leur seule et unique épave ? Par ces motifs, ne serait-il pas pré-férable enfin de confier le soin de cette procédure à l'Adjudicataire lui-même ? Cela nous paraîtrait assez raisonnable ; car étant intéressé au plus haut point à ce que ces formalités soient accomplies, comme nous l'avons fait déjà pressentir, on arriverait peut-être à un résultat beau-coup plus sûr.

De l'économie générale du nouvel article 692, il résulte donc que les deux opinions qui avaient partagé le monde judiciaire, comme il a été dit ci-dessus, sont heureusement désormais conciliées en activant au profit de tous, l'ouverture des ordres qui sont les plus fréquents et dont le réglement exige la plus prompte expédition.

Mais revenons à la question de publicité que nous avions renvoyée :

Ainsi il arrive souvent que le Poursuivant, comme l'Acheteur amiable, ignorent l'existence des Femmes, des Mineurs ou Interdits pour faire les significations prescrites tant par les articles 2194 que 692 précités. Bien plus, l'immeuble vendu volontairement ou exproprié peut appartenir à un homme qui n'est ni marié, ni tuteur, et néanmoins être grevé d'Hypothèques occultes, provenant du chef de précédents propriétaires, mariés ou tuteurs. Comment procéder alors ? Un avis du Conseil-d'Etat, du 1er juin 1807, sus rappelé, nous dit que la notification de l'Acte de dépôt devra être faite à la Femme et au Subrogé-Tuteur, par l'insertion dans les journaux de celle qui a été déjà faite au Procureur-Impérial.

Cette insertion se fait dans la forme énoncée par l'article 696 du Code de Procédure. L'addition qui est ajoutée à ce dernier article par le Législateur de 1858, aura pour effet d'avertir les Créanciers à hypothèques légales qu'ils doivent requérir leurs inscriptions avant la transcription du Jugement d'adjudication. Le délai accordé à ces ayants-droit sera bien suffisant, car l'avertissement sera toujours donné quarante jours au plus, ou vingt jours au moins avant l'Adjudication ; et après cette adjudication, il pourra s'écouler encore quarante-cinq jours, en sorte qu'ils auront souvent un délai de quatre-vingt-cinq jours pour opérer leurs inscriptions.

Le dernier paragraphe de l'ancien article 696 chargeait les Cours impériales de désigner chaque année, pour chaque arrondissement de leur ressort, les journaux dont la publicité serait la plus grande et dans lesquels seraient insérés les annonces judiciaires. On avait craint que si le libre choix avait été laissé à la disposition du poursuivant, il ne s'adressât précisément au journal le moins répandu, afin de répandre le moins possible le fait de la vente et de demeurer, par suite, propriétaire de l'immeuble, pour sa mise à prix, faute d'enchérisseur.

Mais l'exécution relative au monopole de la publicité des annonces judiciaires donna lieu à des plaintes nombreuses plus ou moins fondées, qui amenèrent après la Révolution de Février, le Décret du 8 Mars 1848, abrogeant le dernier paragraphe de l'art. 696 du Code de Procédure.

Enfin, le Décret organique sur la Presse, du 17 Février 1852, art.

23, a conféré aux Préfets le soin de choisir, tous les ans, le journal ou les journaux de l'arrondissement ou du département désignés pour l'insertion obligatoire des annonces légales.

§ 4. — *Dans quel cas le droit de préférence survit-il à la perte des droits de suite?*

Pour répondre à cette question nous croyons devoir passer en revue au préalable les diverses phases qu'elle a traversée et arriver ainsi insensiblement, si cela est possible, à la solution de ce grand problême qui a tant tourmenté le monde judiciaire.

Deux droits bien distincts dérivent de toutes sortes d'Hypothèques : le droit de suite sur l'Immeuble, le droit de collocation sur le prix quand il est payé.

Comme nous le savons, la Purge de l'Hypothèque légale par l'Acquéreur, conformément aux articles 2194 et 2195 du Code Napoléon, exonère l'immeuble du droit de suite qui appartenait à cette Hypothèque. Mais ensuite la Femme ou le Mineur peuvent-ils venir exercer le droit de préférence sur le prix? La grande majorité des auteurs et la plupart des Cours impériales qui avaient eu à s'occuper de la question, avaient soutenu l'affirmative. Mais le 23 février 1852, un Arrêt de la Cour de Cassation, chambres réunies, décida, malgré toute la doctrine et la jurisprudence, et même contrairement au réquisitoire du Procureur-Général, que le texte de l'article 2180, déclarant en termes absolus que l'Hypothèque s'éteint par l'accomplissement des formalités et conditions prescrites aux tiers-détenteurs pour purger les biens acquis, n'établit aucune distinction entre les différentes natures d'Hypothèque, et que par conséquent une fois éteinte, l'hypothèque légale l'est tout aussi bien vis-à-vis des créanciers inscrits que du tiers-détenteur; elle proclama donc en définitive que le droit de préférence tombe avec le droit de suite.

Les choses étaient dans cet état, lorsque le législateur en 1858, est venu compléter par un texte formel ce que les anciens textes pouvaient avoir d'indécis, de vague ou de trop général. La dernière disposition ajoutée à l'article 717 du Code de procédure par la nouvelle loi n'introduit pas en effet un droit nouveau ; elle détermine seulement le véritable sens de la loi, interprêtée diversement par la doctrine et la jurisprudence ; elle fait cesser enfin à la grande satisfaction de tous ceux à qui la question avait été soumise, une divergence dont les variations amènent souvent la perte du droit de la Femme des Mineurs ou Interdits.

Si la Femme ou le Mineur, après que le tiers-détenteur a rempli régulièrement les formalités de Purge, n'ont pas pris l'inscription dans les deux mois, le droit de suite n'existe plus. Le détenteur offre son prix au Créancier et tout est fini pour lui ; personne n'a rien à lui réclamer. Ainsi le droit de suite a péri parce que la loi, dans un cas déterminé, en avait soumis l'exercice à l'inscription ; le droit de préférence subsiste, parce qu'il dépend de la nature de l'Hypothèque et non de l'inscription. Mais ce droit ne pouvait se prolonger indéfiniment : le crédit public, la circulation des créances, les affaires en un mot y étaient vivement intéressés ; aussi le législateur de 1858, dans sa sagesse, pour éviter des embarras qui pourraient devenir fort graves, tout en proclamant le droit de préférence, est-t-il venu marquer des limites, placer des bornes.

La nouvelle loi a prévu deux cas : celui de l'Adjudication sur saisie réelle article 717 ; celui de tout autre vente, article 772.

Dans toute espèce de vente, si elle est suivie d'un ordre, cet ordre peut être judiciaire ou amiable. Le droit de préférence, si l'ordre est judiciaire, ne pourra s'exercer que dans le délai de quarante jours de la sommation faite aux Créanciers inscrits de produire à l'ordre. *(Art. 717 et 754, loi 24 Mai 1858.)*

Si l'ordre est amiable, comme il n'existe pas des faits successifs bien marqués à l'un desquels on peut attacher la déchéance, le droit de préférence pourra être invoqué tant que l'ordre ne sera pas clos.

Si la vente est volontaire il faudra, selon le dernier paragraphe de l'article 772 de la loi de 1858, pour que l'Hypothèque légale puisse trouver place dans l'ordre, que cet ordre s'ouvre dans les trois mois qui soivront l'expiration des délais accordés par l'article 2195, après Purge, et toujours sous les conditions énoncées par la dernière disposition de l'article 717 de la même loi.

Nous pouvons dire déjà entre autre conséquence de l'article 772, que si avant l'expiration de ces trois mois, les Créanciers inscrits font entre eux un ordre amiable, la clôture de cet ordre ayant date certaine, pourra être opposée à l'Hypothèque légale, et par suite le droit de préférence perdu.

Pour nous résumer sur ce dernier point, nous dirons que la loi du 24 Mai 1858, dans quelques articles que nous avons vu , a proclamé le droit de préférence subsistant à la perte des droits de suite pour l'Hypothèque légale des Femmes, des Mineurs et des interdits, avec les restrictions suivantes :

Quel que soit le mode de vente, si l'ordre est judiciaire, ce droit subsistera pendant le délai de quarante jours de la sommation faite aux Créanciers de produire à l'ordre ; s'il est amiable, tant que la clôture de cet ordre ne sera pas prononcée ; et enfin si la vente n'est pas une expropriation forcée dans les trois mois après l'expiration des délais de Purge accordés par l'article 2195 du Code Napoléon.

QUESTIONS.

Si la dette a été acquittée en partie seulement, l'Hypothèque s'éteint-elle en partie ? — Non.

Si le Créancier est évincé de l'objet reçu en paiement, sa Créance avec son Hypothèque revivra-t-elle ? — Oui.

L'Hypothèque ne survit-elle pas quelquefois à la Créance ? — Oui.

La compensation quoique opérée à l'insu des parties , éteint-elle la Créance et avec elle l'Hypothèque ? — Oui.

Cette dernière question doit-elle être toujours résolue dans le sens de l'affirmative? — Non.

Regarderait-on comme une renonciation à l'Hypothèque le consentement donné par le Créancier à la radiation de son inscription hypothécaire? — Non.

Quand l'immeuble est possédé par un tiers, la sommation de payer ou de délaisser interrompt-elle la prescription hypothécaire? — Oui.

Le droit de Purge appartient-il à ceux qui ont acquis sur l'immeuble, soit un droit d'usage ou d'habitation, soit une servitude réelle? — Non.

Le légataire particulier, comme le co-héritier, auxquels des immeubles sont attribués, peuvent-ils purger? — Oui.

La demande de mise aux enchères faite à la requête de l'un des Créanciers profite-t-elle à tous? — Oui.

Le Créancier, une fois la mise aux enchères demandée, peut-il se désister de sa demande? — Non.

Le tiers-détenteur peut-il se porter adjudicataire d'un immeuble dont on a requis la surenchère? — Oui.

Si le prix de l'acquisition est absorbé par les Créanciers antérieurs, la Femme et le Mineur peuvent-ils, s'ils espèrent obtenir un prix plus élevé, demander que l'immeuble soit revendu aux enchères? — Oui.

La Femme qui, faute d'avoir inscrit son Hypothèque légale dans le délai de l'art. 2194, a perdu son droit de suite de l'immeuble, conserve-t-elle son droit de préférence sur le prix? — Oui.

CODE DE PROCÉDURE.

De la mise au Rôle.

Après avoir médité pendant quelque temps sur ce sujet , et l'avoir envisagé sous toutes ses faces, nous n'avions vu guère apparaître à nos yeux, au premier aspect, qu'un côté abstrait, positif, purement pratique. Cependant en droit, aussi simple et aussi aride que paraissent être certaines questions, on finit toujours par découvrir quelques fissures par où s'échappent encore quelques théories, sujettes à plus ou moins de controverses.

Ainsi, sans empiéter sur un champ qui n'est pas le nôtre, nous avons besoin pour résoudre un problème juridique, inhérent en quelque sorte à la question qui nous est échue, de mettre sous nos yeux l'article 399 du Code de Procédure, s'exprimant de la manière suivante :

« La Péremption n'aura pas lieu de droit, elle se couvrira par des *Actes valables.* »

Nous nous demanderons donc à ce sujet ce que la loi entend par Actes valables? En outre, si la mise au Rôle est réputée un *Acte valable* de cette nature dans le sens de la loi; et, par suite, si l'inscription de la Cause au Rôle couvrirait la Péremption ?

Il est toutefois nécessaire, avant de répondre à ces questions, de savoir ce que c'est la mise au Rôle et les formalités y attachées, telles que le tout a été réglé, à défaut du Code de Procédure qui est complètement muet sur ce point, par le décret du 30 Mars 1808, sur la police des Cours et Tribunaux.

Qu'est-ce donc que la mise au Rôle? C'est tout bonnement l'action de faire inscrire une Cause sur un registre tenu à cet effet par le Greffier, afin de lui faire prendre rang.

Le Rôle est donc un registre sur lequel sont inscrites, dans l'ordre de leur présentation, toutes les Causes qui doivent être appelées à l'audience et plaidées. On ne doit pas y porter par conséquent les Causes concernant l'enregistrement, les droits d'hypothèques, etc., puisqu'elles sont jugées sur Mémoire. Il en est de même des Référés ou toutes autres de pareille urgence, et qui doivent être jugées à bref délai.

Le Rôle est divisé en colonnes, dont la première contient le numéro du registre; la seconde, la date de la mise au Rôle, elle est elle-même subdivisée en deux colonnes, l'une pour les Causes sommaires, l'autre pour les Causes ordinaires; la quatrième, la mention du jugement; la cinquième, les prénoms, nom et domicile de la partie pour laquelle on inscrit, le nom de l'Avoué; la sixième, les prénoms, nom et domicile de la partie adverse, et le nom de son Avoué, si elle en a un; la septième, le motif de la radiation de la Cause; la huitième, l'indication de la Chambre ou section à laquelle la Cause est renvoyée, lorsque le Tribunal se compose de plusieurs Chambres.

On appelle Rôles généraux, ceux qui sont tenus soit au Greffe des Cours impériales, soit au Greffe des Tribunaux de première instance, et sur lesquels sont inscrites toutes les Causes qui doivent se plaider, dans l'ordre de leur présentation. Les Avoués sont tenus de faire cette inscription au plus tard la veille du jour où l'on se présentera à l'audience.

Dans les Tribunaux de première instance, composés de plusieurs Chambres, il sera tenu deux autres Rôles, appelés *particuliers*, dont l'un pour les Citations libellées en forme de plainte , et pour les contraventions aux lois et réglements de police ; et l'autre , pour les affaires relatives aux lois forestières, aux droits d'enregistrement, et en général aux Contributions.

Il est extrait pour chaque Chambre, sur le Rôle général des Cours impériales ou des Tribunaux de première instance, un Rôle particulier des affaires qui lui auront été distribuées et renvoyées. Ce Rôle particulier est remis au Greffier de la Chambre qu'il concerne.

Cette mise au Rôle est soumise à divers droits d'enregistrement, de greffe ou d'avoué que nous énonçons seulement, car nous n'avons pas à entrer ici dans ces détails de tarifs.

Cela connu, revenons aux questions que nous avons posées plus haut.

Lorsqu'il se présente dans nos Codes quelques cas qui n'ont pas été prévus ou nettement formulés, il est absolument nécessaire, pour résoudre les difficultés qui surgissent , de recourir aux lois ou à la jurisprudence qui nous ont précédés. Ainsi, à des époques qui sont déjà loin de nous, tous les auteurs de Paris et la plupart des Parlements de France tenaient qu'une cause mise au Rôle ne se périmait pas. Plusieurs ordonnances même s'étaient exprimées dans le sens de cette dernière opinion.

Quelques imposantes que soient ces autorités, elles ne suffisent point, sans doute, pour décider notre question sous l'empire du Code de Procédure, mais elles peuvent du moins concourir à déterminer son interprétation dans le sens qu'elles indiquent ; selon cette idée que nous venons d'émettre : *Priores leges ad posteriores trahuntur.*

De nos jours , ou plutôt sous l'empire des lois qui nous régissent , la jurisprudence n'a pas été uniforme : la Cour de Toulouse, dans un arrêt du 5 Février 1810, s'est prononcée dans le sens de la négative ; celle de Rennes, dans un arrêt du 2 Mars 1818, a adopté l'affirmative. Nous nous rattachons à cette dernière opinion , comme étant plus conforme, à défaut d'un texte précis, aux principes généraux adoptés par nos lois anciennes, devant nous aider à interpréter dans ce dernier sens l'art. 399 précité, comme nous l'avons déjà dit plusieurs fois.

En effet, on peut considérer comme *acte valable* dans le sens de ce dernier article, tout acte prescrit ou autorisé qui a un effet utile à l'une et à l'autre des parties, quoique non signifiée, ou n'étant pas susceptible de signification, ou encore pour la validité duquel la loi ne l'exige pas.

Il est hors de doute que la mise au Rôle, formalité impérieusement exigée, rigoureusement nécessaire, doit se placer parmi ces sortes d'actes, car elle annonce l'intention de faire juger, puisque sans elle, le jugement ne pourrait être rendu. Aussi peut-on la définir un acte tendant à poursuivre l'audience dans l'ordre établi par le Rôle. C'est donc un acte valable, car il est indispensablement nécessaire pour obtenir audience et jugement, comme on vient de le voir.

C'est de plus un acte de procédure dans sa véritable acceptation, car c'est un acte attributif d'un droit à l'Avoué ou d'un droit au Greffier. L'acte de mise au Rôle est donc tout à la fois une poursuite de l'Avoué et un Acte du Greffe garanti légalement par la signature du Greffier. Cette question de validité de l'acte étant résolue, toutes les autres suivent ; par conséquent nous concluons, avec l'arrêt de la Cour de Rennes, que l'inscription de la Cause au Rôle peut couvrir la Péremption.

Du Désistement.

Lorsqu'une instance est entamée, il y a deux moyens de terminer le procès, lors au moins qu'il n'arrive pas à son terme régulier : ces moyens sont la Péremption et le Désistement, fondés tous deux sur cette vieille maxime romaine : *Unicuique licet juri in favorem suum introducto renuntiare.*

La Péremption, du latin *perimere*, anéantir, est seulement l'extinction légale d'une instance opérée par la discontinuation des poursuites pendant un certain temps ; tandis que le Désistement est un *Acte for-*

mel de la volonté par lequel le Demandeur renonce à l'instance qu'il a formée. C'est à ce dernier mode d'extinction d'instance que doivent se borner ici nos explications.

L'article 402 du Code de Procédure nous dit que le Désistement peut être fait et accepté par de simples Actes signés des parties ou de leur mandataire, et signifiés d'Avoué à Avoué.

Le Désistement peut être fait de toute autre manière que celle ci-dessus indiquée. Ces termes facultatifs de la loi, *peut être fait*, ne peuvent laisser aucun doute pour embrasser l'affirmative. Ainsi le Désistement consigné dans un procès-verbal, dressé par un Juge de Paix incompétent est valable, si ce procès-verbal est signé par les parties ; il pourrait encore valablement être fait et accepté dans une convention intervenue directement, personnellement entre les deux parties de la Cause.

Mais le Désistement est nul, s'il n'est pas signé de toutes les parties ou de leurs mandataires, alors même que celle des parties qui l'a signé, déclare qu'elle agit tant pour elle que pour ses co-intéressés, avec promesse de ratification de leur part ; cependant si le Désistement signé par l'une des parties seulement venait à être ultérieurement ratifié et exécuté par les autres co-intéressés, cet Acte serait bien valable et aurait son plein et entier effet.

Malgré toute la latitude et l'extension de la loi à cet égard, on doit se servir néanmoins de préférence de la forme qu'elle met à notre disposition parce que, avantageuse sous bien des rapports, elle assure non-seulement le désistement des parties, mais encore elle avertit chacun des Avoués que ce désistement a été donné et, qu'en conséquence, nul acte de procédure ne doit plus être signifié.

Mais, à la différence des actes ordinaires des Avoués, il faut que le désistement soit signé par les parties elles-mêmes ou bien par leur fondé de pouvoirs, munis d'un titre exprès et authentique, sans quoi il serait nul de plein droit. La loi a établi pour ces Actes une exception de rigueur, parce que ces actes d'abandon d'instance peuvent avoir pour chacune des parties des conséquences qui tiennent au fond du droit.

Il faut se demander maintenant qui peut se désister ? Ce doit être tout naturellement le Demandeur. Car c'est lui qui a introduit l'instance et c'est à lui seul qu'incombe le droit de faire cesser son procès. Le Défendeur peut bien passer sans doute condamnation, reconnaître dans la suite les prétentions du Demandeur; cet acte de sa volonté ne constituera pas un désistement, tel que nous l'avons compris, mais bien un acquiescement.

Pour que ce désistement soit valable et complet, il doit être formellement accepté, ainsi que cela est énoncé dans notre article 402. Une fois l'action intentée, en effet, il intervient un quasi-contrat judiciaire entre le Demandeur et le Défendeur qui les lie et les enchaîne l'un à l'autre. Ce lien fait qu'ils ne peuvent abandonner l'instance sans leur consentement mutuel. Cela s'explique sans avoir recours à de longs raisonnements, car il arrive très-souvent que les événements, les débats judiciaires faisant changer la face de l'affaire, le Défendeur a un intérêt aussi grand que son adversaire de voir terminer l'instance entamée.

Tant que l'acception n'a pas été faite, le désistement ne peut donc être considéré que conditionnel, mais aussitôt cette acceptation intervenue, alors, suivant l'art. 403 du Code de Procédure, il emporte « de plein droit consentement à ce que les choses soient remises au même état qu'elles étaient avant la demande. »

Par les termes de cet article on voit que le Désistement est l'abandon, non pas du droit, pas plus que de l'action, mais bien l'abandon de l'instance, l'abandon de la procédure, sauf à la renouveller plus tard, si, bien entendu, elle n'est pas prescrite.

Après le désistement accepté, les choses reviennent dans le même état qu'elles se trouvaient avant l'instance commencée; c'est-à-dire que le Désistement opère, par la volonté formelle des parties, le même effet que la Péremption, par la puissance de la loi; dans les deux cas c'est l'instance, c'est la procédure qui est éteinte; dans les deux cas, l'action dure toujours, à moins de prescription dans le Désistement comme dans la Péremption.

Nous dirons en terminant que les frais d'instance , le Désistement opéré, sont à la charge du Demandeur ; mais comme il y avait déjà litige et contestation , et qu'il est urgent de ne pas amener de nouvelles complications afin de faire cesser tous débats, les frais ou avances faites par le Défendeur seront liquidés ou alloués par le Président sur une simple ordonnance exécutoire, nonobstant opposition ou appel si elle émane d'un Tribunal de première instance, et d'opposition seulement si elle provient d'une Cour impériale.

QUESTIONS DE PROCÉDURE.

Toutes les Causes sont-elles soumises à la formalité de la mise au Rôle ? — Non ?

L'inscription de la Cause au Rôle couvrirait-elle la Péremption ? — Oui.

Le Désistement et l'Acceptatien peuvent-ils être faits de toute autre manière que celle indiquée par l'art. 402 du Code de Procédure ?— Oui.

Peut-on se désister d'un Acte de procédure isolé, sans se désister de l'Instance ? — Oui.

Le Désistement doit-il, à peine de nullité , être signé des parties ou de leurs mandataires spéciaux ? — Oui.

Peut-on , jusqu'à l'acceptation rétracter un désistement ? — Oui.

DROIT CRIMINEL.

De la Prescription extinctive de l'Action publique et de l'Action civile.

(CODE D'INST. CRIMINELLE, ART. 637, 638, 640, 643.)

Toute infraction à une loi pénale, qu'elle soit qualifiée de crime, de délit ou de contravention, renferme d'abord toujours en elle nécessairement une atteinte plus ou moins grave à l'ordre et à l'intérêt public. Il arrive aussi que ces mêmes infractions peuvent porter préjudice, causer des dommages à un ou plusieurs particuliers. D'où il suit deux actions essentiellement distinctes, diamétralement opposées l'une à l'autre : la première donnée dans l'intérêt de la vindicte publique, poursuit tout coupable et tend à lui appliquer la peine qu'il a méritée, espérant prévenir ainsi ou rendre plus rare, par cette application, le renouvellement de l'acte qu'il punit ; la seconde, au contraire, puisant son principe dans la règle générale exprimée dans l'article 1382 du Code Napoléon, tendra uniquement à la réparation, à l'indemnité pécuniaire, du dommage, du préjudice éprouvé.

Nous n'avons pas à analyser ici toutes les nombreuses différences qui

6

peuvent exister entre ces deux espèces d'Actions, c'est à l'explication seulement de l'une et l'autre de ces actions que nous allons porter tous nos soins.

Nos lois actuelles ont proclamé absolument et sans réserve le principe de la prescription des peines et de la prescription des actions pénales à l'égard de tous les crimes et de tous les délits. En lisant le *Traité de Procédure Criminelle* de Pothier, on voit qu'il n'en était pas tout-à-fait de même dans notre ancien Droit. Cependant, hâtons-nous de le dire, cet auteur n'excepte de la prescription que le crime de duel : suivant l'édit d'Août 1679, dit-il, portant règlement général sur les duels, ce crime n'est sujet à aucune prescription de vingt ans, ni de trente ans, ni aucune autre. Il y avait même plus : ceux qui étaient accusés du crime de duel pouvaient être poursuivis, nonobstant le laps de vingt ou de trente ans, de tous les autres crimes commis par lui, pourvu que le procès leur fût fait en même temps pour le crime de duel et devant les mêmes juges.

Dans notre Droit actuel en matière de crime, de délit ou de contravention, la Prescription se rapporte à l'exercice, soit de l'action, soit de la peine, prescriptions tout-a-fait distinctes, entièrement séparées; car l'une a pour objet d'éviter les poursuites, les jugements, les arrêts à intervenir, et l'autre de se libérer des condamnations qui ont été prononcées. Ainsi on peut donc prescrire contre l'action à laquelle on s'est exposé en commettant un crime, un délit ou une contravention, ou bien après avoir été condamné, on peut prescrire contre l'exécution, contre l'application de la peine.

Nous allons maintenant passer en revue d'une manière plus spéciale les articles 637, 638, 640, 643 du Code d'Instruction Criminelle, ayant trait en partie à la prescription contre l'action résultant de l'existence d'un crime ou d'un délit.

Aux termes de l'article 637, le délai de la prescription contre l'action résultant d'un crime est de dix ans et d'après l'article 638, la prescription contre l'action résultant d'un délit est de trois ans. Dans l'un et l'autre cas, les points de départ de la Prescription sont communs : c'est à compter du jour où le crime aura été commis, s'il n'a pas été fait de poursuite dans cet intervalle, ou autrement à partir des derniers actes d'instruction ou de poursuite, s'il en a été fait.

Nous venons de dire que le point de départ de la prescription est ordinairement fixé au jour où le crime a été commis, ce qui s'appliquera au vol, à l'incendie, au meurtre, etc., tous lesquels constituent le cas de crime appelé instantanné.

Mais qu'arrivera-t-il si le crime est de la nature de ceux qu'on nomme successifs, c'est à-dire s'établissant par une série d'actes qui constituent pour ainsi dire le crime à l'état de permanence pendant un temps plus ou moins long ? Ainsi, par exemple, dans le cas d'enlèvement, de séquestration illégale de personnes, ces crimes contre les personnes ne constituent pas seulement un fait unique, isolé, mais bien des faits successifs qui se prolongent autant que dure la détention illégale, autant de temps aussi que la personne enlevée se trouve sous la puissance et dans les mains du ravisseur. Il est tout naturel alors de faire courir le délai de la prescription à partir du moment où la perpétration du crime aura cessé, c'est du reste le point de départ adopté pour faire courir cette prescription.

Arrivons maintenant à cette question qui a été tant débattue à savoir si l'action publique et l'action civile se prescrivent par le même laps de temps de dix ou de trois ans, suivant les distinctions que nous avons établies. D'après l'article 635 du Code d'Instruction Criminelle, le condamné prescrira par vingt ans contre la peine, et par trente ans les condamnations civiles en vertu des articles 642 du même Code, et 2262 du Code Napoléon. Les prescriptions, pour chacune des deux précédentes espèces, sont entièrement séparées et indépendantes l'une de l'autre. Les actes interruptifs faits pour l'une sont sans influence à l'égard de l'autre : Ainsi la partie civile, autrement dit, les personnes lésées par le crime ou le délit, pourront conserver ses droits, faire tous les actes interruptifs autorisés par le Code Napoléon sans mettre obstacle à la prescription de la peine; notre article 637, au contraire, paraît soumettre à une seule et même prescription, l'action publique et l'action civile.

Dans le cas, par exemple, d'incendie ou de tout autre crime, il y a lieu à intenter deux actions séparées et distinctes : l'une, par le Ministère Public poursuivant le coupable afin de lui faire infliger un châtiment, et l'autre, par la Partie Civile concluant à des dommages-intérêts. Nous savons déjà qu'après dix ans écoulés sans poursuites, le coupable n'aura plus à craindre aucune action publique; mais il faut se demander maintenant si par cela même que l'action publique est éteinte, la personne qui a été victime du crime ou ses ayants-droit ne pourraient pas intenter l'action civile? Si l'on consulte l'article 637, il est certain que la réponse à cette question sera négative; cependant malgré le texte précis, formel, explicite de notre article, cette opinion est vivement controversée.

Parmi les nombreuses objections qui ont été présentées à ce sujet, l'une des plus graves est celle-ci : toutes les actions personnelles quelles qu'elles soient ne se prescrivent que par trente ans aux termes de l'article 2262 du Code Napoléon. Cette règle générale a été pareillement conservée pour les créances provenant des condamnations criminelles, aux termes de l'article 642 du présent Code. Comment se fait-il alors que la créance de la personne blessée ou la créance des héritiers de la personne assassinée, en réparation du dommage qu'ils ont éprouvé, soit renfermée, quant à son exercice, dans un délai de dix ans, contrairement à toutes les règles générales de la prescription en pareille matière? Par quel singulier privilége accordera-t-on à celui qui est devenu débiteur par l'effet d'un crime une prescription infiniment plus courte que celles qui sont données aux débiteurs ordinaires? Mais cette théorie renverserait toutes les lois du bon sens et de la morale; accorder une faveur à un criminel! Faire exception uniquement pour lui à la règle générale! Il faut interpréter la loi d'une autre façon, car elle ne peut avoir voulu dire cela.

Pour se tirer de cet embarras on s'est engagé dans quelques hypothèses plus ou moins raisonnables, et qu'il serait peut-être trop long de rapporter dans cette Thèse.

Mais quelque bizarre que semble un système qui traite plus favorablement la personne qui doit par suite d'un crime que la personne qui doit par suite d'un contrat, c'est cependant à ce dernier système que nous croyons devoir nous arrêter.

En effet, chaque loi porte en elle-même sa raison d'être. Le législateur en établissant un corps de loi, a donné à chacune d'elles son véritable caractère ; à chacune il a marqué son but, toujours louable et utile, il faut le supposer du moins ; il a essayé, problème bien difficile à résoudre il est vrai, par certaines nuances de ton ou d'expression, de prévoir le plus qu'il lui serait possible, en quelques formules, les nombreuses espèces qu pourraient se présenter. C'est ainsi qu'il a pris soin de nous dire dans l'article 635 du Code d'Instruction criminelle, qu'on prescrivait par vingt ans contre la peine prononcée, et par trente ans, article 642, qu'on prescrivait contre les dommages-intérêts adjugés par jugement; tandis que l'article 637 du même Code, quand il s'agit des actions résultant d'un crime ou d'un délit, semble confondre la prescription, soit de l'action publique, soit de l'action civile en une seule et même durée. Pourquoi se demande-t-on, à la différence de la prescription de la peine , la loi veut-elle après dix que l'action pénale soit prescrite? Pourquo enfin les deux prescriptions publique et civile, sont-elles maintenant confondues? C'est, pour ce cas , sans doute, un motif de haute prudence qui a dû sagement inspirer le législateur.

La plupart des crimes, cela est évident, ne peuvent se constater que par des preuves testimoniales; preuves souvent douteuses, fugitives, périssables de leur essence , la loi n'a pas voulu, dans des matières aussi graves, livrer l'honneur. la vie, la sûreté, la fortune des citoyens à une preuve aussi flottante et indécise que le serait après dix ans, la mémoire des témoins qu'il faudrait entendre sur l'affaire. Or, ces moyens qui sont considérés avec juste raison comme douteux, dangereux pour obtenir la condamnation pénale, doivent être pareillement repoussés pour obtenir des dommages-intérêts ; dans l'un et l'autre cas, il s'agit de constater toujours le crime : infliger une pénalité comme appliquer des dommages-intérêts, ce serait toujours arriver par des voies que le législateur a repoussé, absolument à ce même résultat : flétrir fort légèrement la considération et l'honneur des citoyens. Ainsi par toutes ces raisons, nous croyons donc devoir maintenir dans toute sa rigueur le texte de notre article.

L'article 640 ne mérite pas grande explication ; il détermine la durée de la prescription de l'action publique et de l'action civile en matière de contravention de police. Elle s'accomplit au bout d'une année, si dans cet intervalle, il n'est pas intervenu de condamnation. Mais le délai ici, contrairement à la prescription des crimes, commence à partir du jour où cette contravention aura été commise, quand même il y aurait eu des poursuites.

Enfin l'article 643 nous dit que les dispositions du chapitre de la prescription ne dérogent point aux lois particulières relatives à la prescription des actions résultant de certains délits ou de certaines contraventions. Il nous suffit de dire que cet article nous renvoie à quelques unes des matières spéciales soumises à des règles particulières de prescription, comme, pour citer un exemple, le délit de chasse. Nous ferons remarquer qu'il n'y renvoie même que pour la prescription contre la poursuite et non contre la peine prononcée.

QUESTIONS DE DROIT CRIMINEL.

Le point de départ de la Prescription contre l'action publique et de l'action civile résultant d'un crime est-il toujours invariablement le même ? — Non.

Les actes interruptifs faits à l'égard de l'action publique restent-ils indifférents à l'égard de l'action civile ; autrement dit ces deux actions sont-elles soumises à une seule et même Prescription ? — Oui.

En matière de contravention contre les peines de police, le point de départ de la Prescription est-il reculé par les actes de poursuites? — Non.

Cette Thèse sera soutenue, en séance publique, dans une des salles de la Faculté, le 18 Janvier 1860.

Vu par le Président de la Thèse,

CHAUVEAU (Adolphe).

Agen, imprimerie de J.-B. Barrière.

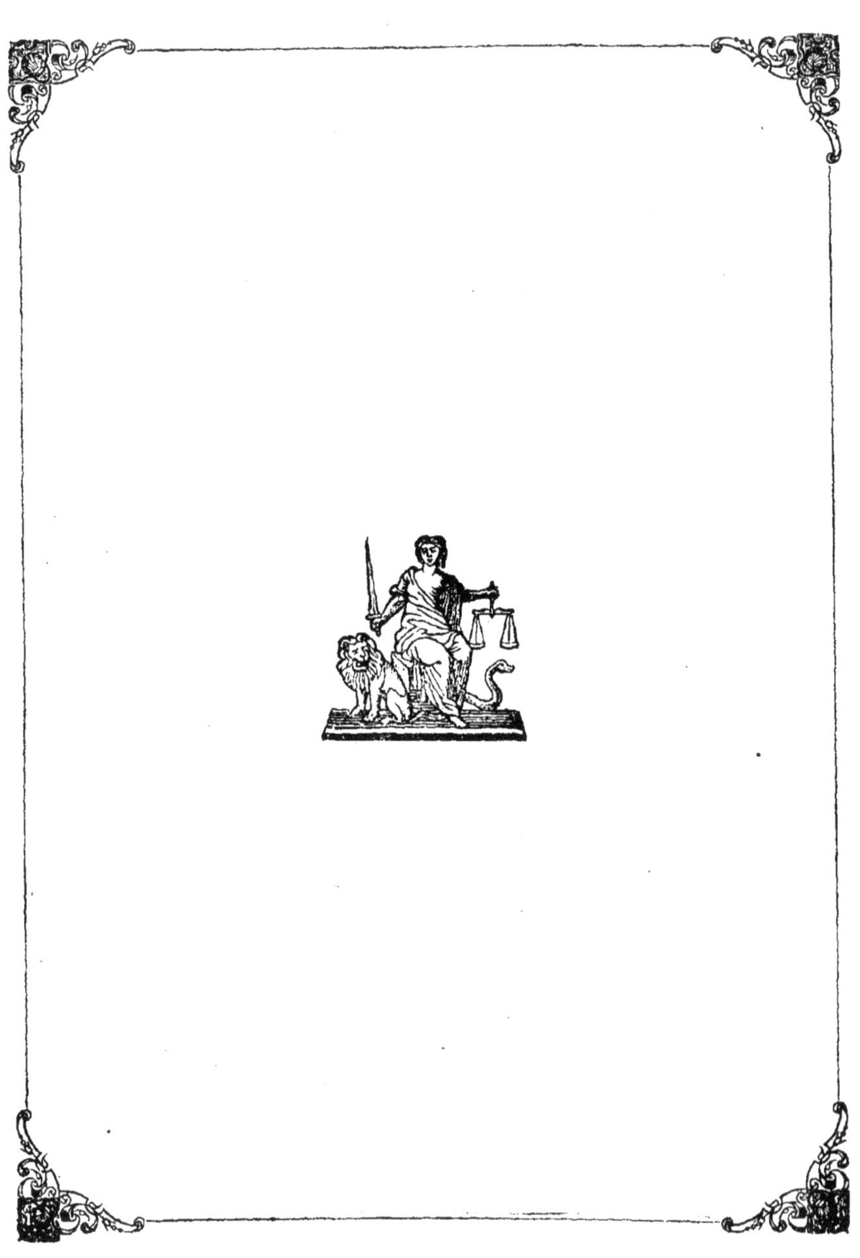